**DEVOCIONARIOS EUDISTAS:
VOLUMEN 1**

EL CORAZÓN DE LA FAMILIA SAGRADA
UN MANUAL DE ORACIONES
por San Juan Eudes

Originalmente publicado como Congregation de Jésus et Marie Manuel de Prière (Extraits), Nantes, Cid Éditions, 1989

IMPRIMI POTEST:	IMPRIMATUR:
Paris, 30 diciembre, 1988	Paris, 9 enero, 1989
M. LeBourg, CJM	M. Vidal V.É
Provincial	

Traducido por p. Juan Gabriel Castillo, CJM
Editado por p. Carlos Valencia, CJM

Imagen de la portada: una estatua de mármol de 40 toneladas de San Juan Eudes en la Basílica de San Pedro. Tallada en 1932 por Silvio Silva, esta es una de las 39 grandes estatuas alrededor de la nave y los transeptos de la Basílica en honor a los fundadores de grandes órdenes religiosas.

ISBN: 978-1-7330674-1-6

Copyright ©2019, por
The Eudists – Congregation of Jesus and Mary

Todos los derechos reservados.

Publicado por
EUDIST PRESS

PO Box 3619
Vista, CA 92085-3619
www.eudistsusa.org

Ninguna parte de esta publicación se puede reproducir de ninguna forma ni por ningún medio, incluido el escaneo, la fotocopia o de otro modo sin el permiso previo por escrito del titular de los derechos de autor: The Eudists – Congregation of Jesus and Mary.

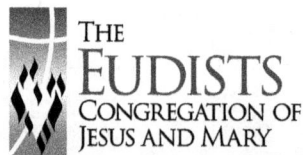

Tabla de Contenidos

[Algunos oraciones se titulan en latín, pero todo el texto es en español.]

Introducción 1
Para prepararse para orar 3
Para concluir un tiempo de oración 3

Letanías 5
    Ave Cor 6
    Ave María, Filia Dei Patris 7
    Ave Joseph 8
    Magníficat de San Juan Eudes 10

Oraciones para ocasiones diversas 13
    Antes de estudiar 14
    Antes de comer 15
    Christus Jesus 15
    Benedictum Sit Cor 16
    Jesu, Vivens in Maria 16
    Benediction 16
    Por una asamblea 17
    Christus Jesus Dominus Factus 17
    Oración vesperal 18

Días especiales para la familia eudista 19
    Navidad 20
    Enero 20
    Febrero 21
    Marzo 21
    Pascua 22
    Abril 22
    Mayo 22
    Augusto 22
    Septiembre 23
    Octubre 23
    Noviembre 23

Apéndice 25
    Acerca de San Juan Edues 26
    Acerca de la familia Eudista 30

Introducción

Todo en este libro se concentra en el misterio de la Encarnación. El Dios que hizo el universo entra en la historia de la realidad humana: Un Dios con manos, brazos, ojos y oídos, un Dios con familiares, sufriendo y experimentando el dolor, un Dios que no vino con una grandeza de poder sino con humildad. Es en la carne, en el sufrimiento y en la humildad donde el pone el fundamento para la comunidad cristiana.

Las oraciones en este libro han sido usadas por obispos, profesores de seminarios, misioneros y laicos con diferentes experiencias de vida para poder profundizar su relación con Dios.

Dentro de este libro encontrarás letanías, escritas para ser oradas en dos voces, alternándose como los latidos del corazón. Encontrarás pasajes de la Sagrada Escritura arreglados en forma de poesía que hará tu corazón cantar. Mientras que los títulos de las oraciones están presentadas en Latín, las oraciones en sí mismas están en Español. Todas ellas fueron escritas por San Juan Eudes.

Durante el Siglo XVII en Francia, San Juan Eudes vivió un tiempo de invasión mística dentro de la Iglesia. Su educación de seminario fue una inmersión en los maestros espirituales como San Ignacio de Loyola, Teresa de Ávila y San Francisco de Sales. Después de su ordenación él dirigió una ola de Nueva Evangelización trayendo de regreso el fervor y la fe a la Iglesia que tanto se necesitaba. Este libro contiene lo esencial de su espiritualidad para uso diario.

Detrás de él hay un hombre con un deseo ardiente, deseando dar su corazón a Cristo tan enteramente como María lo hizo. Para San Juan Eudes, el Sí de María al llamado de Dios fue más allá que el Fiat (Sí) en el día de la Anunciación. Como prototipo de todo cristiano, ella unió su corazón muy cercanamente al de Jesús, que San Juan Eudes consideraba no más un corazón entre ellos dos. Con esta perspectiva tan profunda, San Juan Eudes llegó a ser uno de los primeros en esparcir la devoción a los Sagrados Corazones. Con su ayuda, oramos que también ustedes los lectores se enamoren más de Jesús y su Madre.

Que Dios los bendiga y María los acompañe.

Steve Marshall MA
Director Ejecutivo, Teólogo
Los Eudistas. Congregación de Jesús y María.

El corazón de la familia sagrada

Para prepararse para orar.

El líder de la oración lee cada frase en voz alta. Luego un momento de silencio de tal manera que cada individuo pueda personalmente conversar con Dios.

1. Adoremos a Dios Padre.
   Dispongámonos con humildad ante Él.
   Ofrezcámosle nuestro espíritu y corazón, con el deseo de vivir este tiempo de oración al máximo sólo por amor a Él.
2. Renunciemos a nosotros mismos y ofrezcámonos al Señor Jesús para que ofrezcamos nuestras oraciones en su Espíritu.
3. Pidámosle a la Virgen María y a todos los santos que nos ayuden en nuestra oración y que nos unamos a ellos en su oración perpetua ante Dios.

Para concluir un tiempo de oración.

1. Agradezcámosle a Dios por la gracia que nos ha dado. Pidámosle perdón por nuestros momentos de negligencia; Pidámosle a nuestro Señor Jesucristo que repare nuestras faltas y que sea Él mismo nuestra eterna oración a su Padre.
2. Recojamos la gracia de este tiempo, lo mejor de lo que el Señor nos ha dado en oración, para que así su gracia se haga vida en nosotros.
3. Reconociendo de que no podemos alcanzar la perfección por nosotros mismos, pongamos en Él nuestra confianza y confiemos en la misericordia de Dios. Pidámosle a la Virgen María y a todos los santos que continúen nuestra oración y que formemos parte de la de ellos que hacen eternamente ante Dios.
4. Examinemos nuestras vidas, tratando de ver maneras en las cuales podemos vivir más fielmente ante Dios. Pensemos de manera particular en lo esencial de la vida comunitaria: humildad, obediencia, caridad y mansedumbre.

Oremos

Señor Jesús, que la acción de tu Espíritu Santo se apodere de nuestros espíritus y de nuestros cuerpos, para que su influencia y no nuestros propios sentimientos sean la regla dentro de nosotros. Tú que vives y reinas por los siglos de los siglos.

Amén.

Letanías

Ave Cor

Salutación al corazón de Jesús y María
Si se reza en comunidad, récenlodos voces, como los latidos del corazón

Salve, Corazón santísimo;
    Salve, Corazón mansísimo;
Salve, Corazón humildísimo;
    Salve, Corazón purísimo;
Salve, Corazón devotísimo;
    Salve, Corazón sapientísimo;
Salve, Corazón pacientísimo;
    Salve, Corazón obedientísimo;
Salve, Corazón vigilantísimo;
    Salve, Corazón fidelísimo;
Salve, Corazón beatísimo;
    Salve, Corazón misericordiosísimo;
Salve, Corazón amantísimo de Jesús y María.

Te adoramos,
    Te alabamos,
Te glorificamos,
    Te damos gracias,
Te amamos
    Con todo nuestro corazón,
Con toda nuestra alma,
    Y con todas nuestras fuerzas.
A ti ofrecemos nuestro corazón,
    Lo donamos,
Lo consagramos,
    Lo inmolamos;
Tómalo y poséelo por entero,

Purifícalo,
    Ilumínalo,
Santifícalo,

TODOS:
Para que en él vivas y reines,
ahora y siempre,
y por los siglos de los siglos.
Amén.

Ave María, Filia Dei Patris

Salutación a la Virgen María
Si se reza en comunidad, récenlodos voces, como los latidos del corazón

Salve, María, Hija de Dios Padre;
 Salve, María, Madre de Dios Hijo;
Salve, María, Esposa del Espíritu Santo;
 Salve, María, Templo de la Divinidad;
Salve, María, inmaculado lirio de la gloriosa e inmutable Trinidad,
 Salve, María, Rosa llena de fragancia celestial.
Salve, María, Virgen excelsa y fiel que diste a luz y alimentaste al Rey del universo.
 Salve, María, Reina de los mártires, atravesada por una espada de dolor.
Salve, María, Reina del universo, que recibiste todo poder sobre cielos y tierra,
 Salve, María, Reina de nuestro corazón, vida, dulzura y esperanza nuestra.
Salve, María, Madre amable,
 Salve, María, Madre admirable,
Salve, María, Madre de misericordia.
 Salve, María, llena de gracia, el Señor está contigo,
Bendita eres entre todas las mujeres,
 y bendito el fruto de tu vientre, Jesús
 y bendito tu esposo san José;
 y bendito tu padre, san Joaquín;
 y bendito tu madre, santa Ana.
 y bendito tu hijo, san Juan;
 y bendito tu ángel, san Gabriel.
 y bendito el Padre eterno que te eligió,
 y bendito el Hijo que te amó,
 y bendito el Espíritu Santo que te desposó.
 y benditos para siempre todos los que te aman y bendicen.
 Amén.

Ave Joseph

Salutación a San José
Si se reza en comunidad, récenlodos voces, como los latidos del corazón

Salve, José, imagen de Dios Padre,
    Salve, José, Padre de Dios Hijo,
Salve, José, Sagrario del Espíritu Santo,
    Salve, José, amado de la santa Trinidad,
Salve, José, fiel colaborador del designio de Dios,
    Salve, José, digno esposo de la Virgen Madre,
Salve, José, Padre de todos los fieles,
    Salve, José, guardián de las santas vírgenes,
Salve, José, observante del sagrado silencio,
    Salve, José, amante de la santa pobreza,
Salve, José, ejemplo de paciencia y mansedumbre,
    Salve, José, espejo de humildad y de obediencia,

Bendito seas entre todos los hombres,
    Benditos tus ojos que vieron lo que viste,
Benditos tus oídos que oyeron lo que oíste,
    Benditas tus manos que estrecharon al Verbo hecho carne,
Benditos tus brazos que llevaron a quien sostiene el universo,
    Bendito tu pecho en el que se reclinó dulcemente el Hijo de Dios,
Bendito tu corazón encendido en ferviente amor a él,
    y bendito el Padre eterno que te eligió,
y bendito el Hijo que te amó,
    y bendito el Espíritu Santo que te santificó,
y bendita María, tu esposa, que te amó como a esposo y hermano,
    y bendito tu Ángel custodio,
y benditos por siempre todos los que te bendicen y te aman.

    Amén.

*Una estatua de San Juan Eudes en
la Basílica de San Pedro, Roma.*

Magnificat de San Juan Eudes

Canto de alabanza al corazón de Jesús y María

Alaba, alma mía, al Corazón admirable de Jesús y de María.
Mi espíritu se regocijó en mi gran Corazón.

Jesús y Maria me entregaron su Corazón, para que viva siempre en su amor.

R\. Gracias infinitas le sean dadas por este don inefable.
Cosas grandes hizo en mí este Corazón bueno
desde el vientre materno me hizo suyo.
El abismo de mis miserias atrajo el abismo de sus misericordias. **R\.**

Se anticipó a enriquecerme con los favores de su bondad.
Con la sombra de su mano me protegió
y me consintió como a la niña de los ojos. **R\.**

Me escogió para ser su sacerdote,
y me dio un puesto entre los servidores de su pueblo.
Puso sus palabras en mis labios
e hizo mi boca como espada acerada. **R\.**

Me ha purificado y me ha hecho revivir,
ha estado en todos mis caminos,
ha batallado contra mis enemigos,
de todas mis tribulaciones me ha liberado. **R\.**

Corazón lleno de amor, fuente de todo bien,
de ti me vinieron favores sin cuento.
A ti la alabanza, el amor y la gloria,
a ti canten todas las lenguas, te amen todos los corazones. **R\.**

Tus misericordias te proclamen grande,
las maravillas de tu amor le revelen a los hombres.
Tus servidores te ensalcen,
te alaben, te glorifiquen por siempre. **R\.**

Oremos,

El Padre misericordioso tenga presente tu sacrificio,
Y escuche los deseos de tu Corazón.

Corazón de Jesús, destrozado por nosotros en la cruz,
a impulsos del amor y del dolor,
para ti se consuma nuestro corazón en el fuego perpetuo de tu amor.

Corazón de María, atravesado por dura espada de dolor,
haz que la fuerza del amor divino, penetre nuestro corazón.

Corazón de Jesús y María, hoguera de amor,
en ti se sumerja nuestro corazón,

Se consuma en tus llamas, para que por siempre se identifique
con el Corazón de Jesús y María.

Amén.

El corazón de la familia sagrada

Oraciones para Ocasiones Diversas

Antes de estudiar

Envía, Señor, la sabiduría desde el cielo sagrado, mándala desde tu trono glorioso, para que esté a mi lado y trabaje conmigo, enseñándome lo que te agrada.

¿Quién conocerá tu designio si tú no le das la sabidurla enviando tu santo Espíritu desde el cielo?

> Muéstrame, Señor, el camino de tus leyes y lo seguiré.

Dame la sabiduría que se sienta junto a tu trono y no me excluyas del número de tus hijos.

> Muéstrame, Señor, el camino de tus leyes y lo seguiré.

Porque siervo tuyo soy, hombre débil, incapaz de entender lo que es justo.

> Muéstrame, Señor, el camino de tus leyes y lo seguiré con todo mi corazón.

Gloria al padre...

> Muéstrame, Señor, el camino de tus leyes y lo seguiré con todo mi corazón.

Amen.

Antes de comer

Ante Dios, reconozcamos que hay muchos pobres que nada tienen para comer, que no han ofendido a El tanto como nosotros.

Entreguémonos a nuestro Seftor Jesucristo, para tomar nuestros alimentos con las disposiciones e intenciones con las que él y su santa Madre tomaron las suyas cuando estaban en la tierra.

Declarémosle a Dios que es voluntad nuestra que todos los bocados que comeremos y las gotas de nuestras bebidas sean otros tantos actos de alabanza a la Majestad divina por habernos concedido que un Hombre-Dios y una Madre de Dios comiesen y bebiesen con nosotros en la tierra.

Christus Jesús

Jesucristo, manso y humilde de corazón, por la inmensa caridad conque nos amó, se humilló a sí mismo, se hizo obediente hasta la muerte en una cruz. Vivamos, pues, en humildad, la obediencia, la caridad y la mansedumbre.

TODOS:
Amén. Amén.
Sí, Señor Jesús.
Por tu gracia y para la gloria de tu nombre.
Amén.

Benedictum Sit Cor

Bendito sea el Corazón amantísimo
y el Nombre dulcísimo
de nuestro Señor Jesucristo
y de Su madre, la Virgen María gloriosísima,
por los siglos de los siglos.
Amen.

Jesu, Vivens in Maria

Jesús, que vives en María, ven a vivir en tus siervos,
    con espíritu de santidad,
    con la plenitud de tu poder,
    con la perfección de tus caminos,
    con la realidad de tus virtudes,
    con la participación de tu Misterio.
Triunfa sobre todo poder adverso
Por la fuerza de tu Espíritu,
Para la gloria del Padre.
¡Amén!

Benediction

Que la Virgen María nos bendiga
y nos guarde con su Divino Hijo, Jesús.
Amén.

Jesu, Vivens in Maria

Dios de poder y misericordia, en tu amor inagotable, llenas a quienes te imploran mucho más de lo que merecen o desean. Tú que has dicho: "Si dos o tres están reunidos en mi nombre, allí estoy yo en medio de ellos", te pedimos que multipliques en nosotros los actos de tu misericordia.

Míranos reunidos en tu nombre. Con las oraciones de la beata María, siempre virgen, de San Gabriel, San José, San Juan Evangelista, San Juan Eudes y todos los ángeles y santos, derrama en nuestros corazones la luz y el poder de tu Espíritu, para que podamos conocer los diseños de tu voluntad y lograr lo que te agrade, con un corazón amoroso y un espíritu dispuesto.

Por Jesucristo, nuestro Señor. Amén

Christus Jesus Dominus Factus

A Cristo Jesús lo constituyó Dios propiciación, justificación y santificación nuestra. El murió por nosotros para que los que viven ya no vivan para sí mismos sino para el que murió y resucitó por ellos.

**V\. Queremos, Señor Jesús,
R\. Que reines sobre nosotros.**

Oremos

Quebranta en nosotros, Dios de poder y de misericordia, cuanto a ti se opone y, con la fuerza de tu brazo, toma posesión de nuestros corazones y de nuestros cuerpos, para que afiances en ellos el reino de tu amor.

Protege, Señor Jesús, de toda adversidad, a esta familia y líbrala de las insidias de tus enemigos, por la intercesión de la santa Virgen, de san Gabriel, san José, san Juan Evangelista y de todos los santos. Tú que vives y reinas por los siglos de los siglos.

Amén.

Oración de la tarde

El líder de la oración lee cada frase en voz alta. Luego un momento de silencio de tal manera que cada individuo pueda personalmente conversar con Dios.

Adoremos a Dios. Agradezcámosle por nuestra vida y por toda la creación.

☦

Adoremos a nuestro Señor Jesucristo como nuestro Juez, pidámosle que nos ayude a reconocer nuestros pecados. Examinémonos en qué hemos hecho hoy, pensando particularmente de las demandas de la vida en comunidad: humildad, obediencia, caridad y mansedumbre.

☦

Pidámosle al Señor arrepentimiento. Démonos a nuestro Señor Jesucristo para poder entrar dentro de su Espíritu de paciencia. Renunciemos a nuestros pecados por amor a Él. Ofrezcamos a Dios el amor que Jesús tiene por su Padre, en Él mismo y en los miembros de su cuerpo.

☦

Pidámosle a la Virgen María y a todos los santos que nos ayuden a obtener el perdón por nuestras faltas y una verdadera conversión.

☦

Ofrezcamos a Dios el resto que estamos a punto de tomar, en honor de y en unión con el resto que el Señor y su Madre tomaron durante toda su vida.

☦

Tratemos de terminar este día en el estado que nos gustaría estar al momento de nuestra muerte. Démonos a nuestro Señor Jesucristo para poder entrar en las disposiciones con las que Él abrazó su muerte.

Dias Especiales Para La Familia Eudista

Cierto número de estas fechas fueron importantes para San Juan Eudes porque le ofrecían una oportunidad de renovación espiritual. Otras marcan eventos particulares que nos invitan a ser agradecidos. Para nosotros, cada una puede ser un llamado a revitalizar nuestro deseo de contemplar a Jesucristo en todos los estados de su vida, para formar parte de sus misterios y para darnos a su Espíritu y así continuar su vida y sus virtudes "hasta que Cristo esté formado en nosotros" Gal 4, 19.

Navidad

Durante cada día del tiempo de Navidad estamos invitados a contemplar a Jesús en el misterio de su infancia. He aquí un ejercicio que nos puede ayudar con eso.

> *Lord Jesus, for love of us, You willed not only to become man, but a tiny infant. Grant that we may venerate this most humble state, into which You emptied Yourself. Grant us the wisdom of Your spirit of childhood. Help us imitate the virtues of Your childhood: innocence and simplicity, purity, sweetness, humility, obedience and charity. Thus, like newborns, we will desire the true spiritual milk, we will learn from You to be meek and humble of heart, and in our smallness before Your face, we may follow You in our little way on earth and may glorify You in Your greatness in heaven. Amen.*

9 de enero

En este día en 1826 la vigésima sexta Asamblea General de los Eudistas realizada en Rennes y presidida por el padre Blanchard, se reestableció la Congregación de Jesús y María después de haber sido destruida por la Revolución Francesa.

16 hasta 21 de enero

San Juan Eudes pidió que durante estos días nuestra oración debería de estar llena de agradecimiento por don que Dios nos ha dado llamándonos a la vida, tanto en nuestro nacimiento como en nuestro bautismo. Los "Ejercicios para celebrar el aniversario de nuestro bautismo" escrito por San Juan Eudes en el libro del Reino de Jesús en las almas cristianas pueden ser utilizados para conmemorar estos días apropiadamente.

22 de enero
En la fiesta del matrimonio de María y de José nosotros celebramos la dedicación de la Congregación en 1644 a la "Divina comunidad de Jesús, María y José, a quienes debemos considerar como el ejemplo, modelo y regla de nuestra Congregación, en la cual debemos vivir a su imagen y semejanza.

8 de febrero
En esta fecha en 1648, San Juan Eudes llegó a ser la primera persona en la historia de celebrar la fiesta del Sagrado Corazón de María. La Misa y la Liturgia de las Horas que él compuso han sido usadas alrededor del mundo desde entonces. La celebración se realizó en la Diócesis de Autun. Dos años más tarde, en la misma Diócesis, Santa Margarita María Alacoque nació.

> *Father in Heaven, You have willed that Your only Son live and reign in the Heart of the Virgin Mary. Grant that we may always accomplish Your will with love and with all our heart. Thus may we never have but one heart among ourselves and with You.*

25 de marzo
Para San Juan Eudes, este día fue la celebración de la Encarnación y del sacerdocio al mismo tiempo. En este día en 1643 él fundó la Congregación de Jesús y María, nuestra congregación. Esta es la ocasión cuando estamos invitados a renovar nuestras promesas de incorporación o asociación a la CJM.

> **Renovación de las promesas de incorporación:**
> *En el nombre del Padre, el Hijo y el Espíritu Santo renuevo ante ti, oh mi Señor Jesús, en presencia de María, tu Madre, y de todos los santos, la promesa que hice cuando, a través de Tu misericordia, fui incorporado a [asociado/a con] esta Congregación; allí para vivir y morir, para servirte y glorificarte de la mejor manera posible, a través de tu gracia, renunciando a mi propia voluntad de seguir la tuya, de la cual la voluntad de los superiores y las constituciones de esta Congregación serán los señales para mí.*
>
> *Te ruego, Jesús, que me concedas la gracia de vivir esto, y me encomiendo a la oración de la Virgen María, de San José, de San Gabriel, de San Juan Evangelista, de San Juan Eudes, y de todos los santos.*
>
> *Amén.*

Pascua

He aquí una oración para unirnos al misterio pascual celebrado durante estos días:

> *Señor Jesucristo, verdadero Dios y Eterna Vida, en tu misericordia inscribible has querido sufrir la muerte en la cruz y resucitar al tercer día. Tu hiciste esto para que los vivos ya no vivan para sí mismos sino por Él que murió y resucitó para ellos.*
>
> *Concédenos que tu muerte y resurrección esté presente en nosotros, que pongamos nuestro orgullo en la cruz, y que, muertos al pecado, crucificado por el mundo, renunciemos a nosotros mismos, vivamos por siempre en ti y para ti.*

24 de abril

En este día en 1868, Santa María Eufrasia nació a la vida eterna. Ella inició su vida como religiosa en la orden de las Hermanas de Nuestra Señora de la Caridad, la primera orden fundada por San Juan Eudes, de la que ella siguió con la fundación de las hermanas del Buen Pastor que se establecieron alrededor del mundo bajo su guía. Estas dos ordenes religiosas con mucha alegría se han unido en una sola en el 2014.

31 de mayo

Este fue el día, en 1925 cuando San Juan Eudes fue canonizado por el Papa Pius XI. San Juan María Vianney también fue canonizado en esta fecha.

19 de agosto

En Caen, en esta fecha, en el año 1680, San Juan Eudes entró a la eterna luz de Dios. Juntos con la familia Eudista y toda la Iglesia, oremos la oración colecta de la misa para celebrar su vida en el cielo y en la tierra:

> *Señor, Dios nuestro, de una manera admirable has escogido al sacerdote San Juan Eudes para proclamar las incomparables riquezas de Cristo. Concédenos que, por su ejemplo y oración, crezcamos en nuestro conocimiento de ti y vivamos fielmente en la luz del Evangelio.*

2 y 3 de septiembre

Durante el reino de terror en 1792, más de 1,500 sacerdotes y religiosos fueron ejecutados como enemigos del gobierno revolucionario de Francia. Una nueva ley les pedía renunciar a la autoridad del Papa y jurar alianza al gobierno, pero ellos no aceptaron.

Durante un periodo de dos días conocido como la Masacre de Septiembre, 191 sacerdotes fueron asesinados. Sus nombres fueron recordados en el tiempo que les permitió a cada uno ser beatificados en 1926. Entre estos bendecidos mártires hay tres que son Eudistas: Francois-Louis Hébert, Francois Lefranc and Pierre-Claude Pottier.

20 de octubre

En esta fecha en el año 1672, San Juan Eudes llegó a ser la primera persona en la historia en celebrar la fiesta del Corazón de Jesús. Esta Misa y Liturgia de las Horas que él compuso han sido utilizadas en todo el mundo desde entonces.

> *Señor, Padre de misericordias, en tu bondad sin medida nos has dado el Corazón Amoroso de Jesús, tu hijo amado. Concede que nuestros corazones permanezcan unidos entre nosotros y con el de Él, que nuestro amor por ti se convierta en amor perfecto.*

13 al 20 de noviembre

En el 19 de este mes, la fiesta del sacerdocio de Jesús es tradicionalmente celebrada, junto con todos esos sacerdotes santos y levitas. San Juan Eudes recomendó que estos días sean ocupados por la contemplación en el Sacerdocio de Jesucristo, en el que todos compartimos. Juntos oremos por nuestros sacerdotes:

> *Señor Jesús, despierta en tu Iglesia el Espíritu que animó a los apóstoles y a tantos santos sacerdotes. Llénanos con el mismo Espíritu, para que podamos saber cómo amar lo que amaron y llevar a cabo lo que enseñan. Amén.*

14 de noviembre

Cumpleaños de San Juan Eudes, quien nació en 1601. Para él, era más importante la celebración del bautismo más que la del cumpleaños, que era dos días después.

21 de noviembre

En la fiesta de la Presentación de María, San Juan Eudes invitó a los sacerdotes de su congregación a renovar las promesas de celibato que había hecho, para su ministerio, en imitación de Cristo.

Apéndice

Acerca de San Juan Edues

Nacido en Francia el 14 de noviembre de 1601, la vida de San Juan Eudes abarcó el "Gran Siglo". La "Era del Descubrimiento" había revolucionado la tecnología y la exploración; el Concilio de Trento inició una reforma que era muy necesaria en la Iglesia; entre la gente común, era el comienzo de una edad de oro de santidad y fervor místico.

Su herencia espiritual

No menos de siete Doctores de la Iglesia habían vivido en el siglo anterior. Grandes reformadores como San Francisco de Sales, Santa Teresa de Ávila y San Juan de la Cruz habían dejado una marca

indeleble en la fe católica. Su influencia aún estaba fresca cuando San Juan Eudes entró en escena.

Fue educado por los jesuitas en la zona rural de Normandía. Fue ordenado sacerdote en el Oratorio de Jesús y María, una sociedad de sacerdotes que acababa de fundarse según el modelo del Oratorio de San Felipe Neri en Roma. El fundador fue el cardenal Pierre de Bérulle, un hombre reconocido por su santidad y nombrado "el apóstol del Verbo Encarnado" por el Papa Urbano VII. Completando el legado de San Juan Eudes está la influencia de los Carmelitas Descalzos. Su director espiritual, el propio Cardenal Bérulle, había traído hermanas del convento de Santa Teresa de Ávila para ayudar a fundar el Carmelo en Francia. Juan Eudes más tarde se convertiría en director espiritual de un convento carmelita. Su claustro oraba constantemente por su actividad misionera.

Su vida de ministerio

Como un ávido participante en una ola de re-evangelización en Francia, el apostolado principal de San Juan Eudes fue predicar misiones parroquiales. Pasando entre 4 y 20 semanas en cada parroquia, predicó más de 120 misiones a lo largo de su vida, siempre con un equipo de confesores que ofrecían los sacramentos durante todo el día y catequistas que se reunían diariamente con pequeños grupos de feligreses.

Al principio de su sacerdocio, un brote de peste golpeó la región natal de San Juan Eudes, los que hizo que se apresurara a ir y dar los sacramentos a los moribundos. El riesgo de contagio era tan grande que nadie más se atrevía a acercarse a las víctimas. Para proteger a sus hermanos Oratorianos del contagio, San Juan Eudes tomó residencia en un gran barril de sidra vacío fuera de las murallas de la ciudad hasta que la plaga terminó.

Sus fundaciones

Durante sus misiones, escuchó un sinnúmero de confesiones, incluidas las de mujeres obligadas a prostituirse. Al darse cuenta de que necesitaban una sanación y apoyo intenso, comenzó a fundar "Casas de refugio" para ayudarlos a salir de la calle y comenzar una nueva vida. En 1641 fundó las Hermanas de Nuestra Señora de la Caridad del Refugio para continuar con este trabajo. Las hermanas vivían con ellas y contantemente les brindarían apoyo. Hoy, estas hermanas son conocidas como las Hermanas del Buen Pastor, inspiradas por su cuarto voto de celo por salir a buscar a la "oveja perdida".

Ocasionalmente, San Juan Eudes regresaba al sitio de una misión anterior. Para su consternación, descubrió que los frutos de la misión se desvanecían constantemente por falta de apoyo. La pieza crucial en la necesidad de cambio fue el sacerdocio. En ese momento, la única forma de capacitarse como sacerdote era a través del aprendizaje. El resultado de este entrenamiento fue tan horriblemente inconsistente que el término "hocus pocus" fue inventado durante este tiempo para describir el latín corrupto usado por sacerdotes muy poco entrenados durante la consagración en la misa. En 1643 dejó el Oratorio y fundó la Congregación de Jesús y María para fundar un seminario. La formación en el seminario era un concepto radicalmente nuevo que acababa de proponer el Consejo de Trento.

Su marca en la iglesia

En una misión en 1648, San Juan Eudes celebró la primera misa de la historia en honor del Corazón de María. En 1652 construyó la primera iglesia bajo el patronazgo del Inmaculado Corazón: la capilla de su seminario en Coutances, Francia. Durante el proceso de su canonización, el Papa San Pío X nombró a San Juan Eudes como "el padre, doctor y apóstol de la devoción litúrgica a los Sagrados Corazones de Jesús y María". Al Corazón de Jesús porque él también celebró la primera Fiesta del Sagrado Corazón en 1672, justo un año antes de que Santa Margarita María Alacoque tuviera la primera aparición del Sagrado Corazón.

Aunque su devoción mariana fue intensa desde una tierna edad, la inspiración principal para esta fiesta vino de la teología del bautismo de San Juan Eudes. Desde el comienzo de su carrera misionera, enseñó que Jesús continúa su encarnación en la vida de cada cristiano bautizado. Cuando nos entregamos a Cristo, nuestras manos se convierten en Sus manos, nuestro corazón se transforma en Su corazón. María es el último ejemplo de esto. Dio su corazón a Dios tan completamente que ella y Jesús tienen un solo corazón entre ellos. Por lo tanto, quien ve a María, ve a Jesús y el que honra el corazón de María nunca está separado de honrar el corazón de Jesús.

Un manual de oraciones por San Juan Eudes

¿Doctor de la iglesia?

Al momento de escribir este libro, los Obispos de todo el mundo han pedido que el Vaticano proclame a San Juan Eudes como un Doctor de la Iglesia. Esto reconocería su contribución única a nuestra comprensión del Evangelio y su ejemplar santidad de vida que se destaca incluso entre los santos. Para obtener más información sobre el progreso de esta causa, sobre sus escritos o espiritualidad, o para inscribirse en las actualizaciones de nuestro boletín electrónico, póngase en contacto con spirituality@eudistsusa.org.

Acerca de la familia Eudista

Durante toda su vida, la actividad misionera de San Juan Eudes tuvo tres áreas principales de enfoque:

- Para los sacerdotes, proporcionó formación, educación y el apoyo espiritual que es crucial para su papel en el plan de salvación de Dios.
- Para las prostitutas y otras personas al margen de la sociedad, les dio un hogar y les curó las heridas, como el Buen Pastor con su oveja perdida.
- Para los laicos, predicó la dignidad de su bautismo y su responsabilidad de ser las manos y los pies de Dios, para continuar la Encarnación.

En todo lo que hizo, se quemó con el deseo de ser un ejemplo viviente del amor y la misericordia de Dios.

Estos son los "valores familiares" que continúan inspirando a quienes continúan su trabajo. Parafraseando a San Pablo, Juan Eudes sembró semillas, que otros regaron a través de las instituciones que él fundó, y Dios dio el crecimiento. Hoy, el árbol genealógico sigue dando frutos:

La Congregación de Jesús y María (CJM), también conocida como Los Eudistas, continúa el esfuerzo de formar y cuidar a los sacerdotes y otros líderes dentro de la Iglesia. San Juan Eudes llamó a esto la misión de "enseñar a los maestros, pastorear a los pastores e iluminar a los que son la luz del mundo". Continuando con sus esfuerzos como predicador misionero, los sacerdotes y hermanos Eudistas "audazmente buscan abrir nuevas avenidas" para la evangelización, "a través de la televisión, la radio y los nuevos medios".

Las Religiosas del Buen Pastor (RBP) continúan alcanzando a las mujeres en situaciones difíciles, proporcionándoles un lugar de refugio y sanación profundamente necesario, mientras buscan una nueva vida. Santa María Eufrasia expandió grandemente el alcance de esta misión que ahora opera en más de 70 países en todo el mundo. Una verdadera heredera de San Juan Eudes que exhortó a sus hermanas: "Debemos ir tras la oveja perdida sin otro descanso que la cruz, ni otro consuelo que el trabajo, y ninguna otra sed que la justicia".

En cada seminario y Casa de Refugio fundada por San Juan Eudes, él también estableció una Confraternidad del Corazón de Jesús y María para los laicos, ahora conocidos como los Asociados Eudistas. La misión que les dio fue doble: Primero, "glorificar los corazones divinos de Jesús y María ... trabajando para hacerlos vivir y reinar en su propio corazón a través de la imitación diligente de sus virtudes". Segundo, "trabajar por la salvación" de almas ... practicando, de acuerdo con sus habilidades, obras de caridad y misericordia y logrando numerosas gracias mediante la oración por el clero y otros trabajadores apostólicos ".

Las Hermanitas de los Pobres fueron una consecuencia de esta cofradía. Santa Jeanne Jugan se formó como una mujer consagrada dentro de la Familia Eudista. Ella descubrió la gran necesidad de amor y misericordia entre los pobres y los ancianos, y la misión adquirió vida propia. Les transmitió la intuición Eudista de que los pobres no son simplemente receptores de la caridad, sino que proporcionan un encuentro con la propia Caridad: "Hijitos míos, nunca olviden que los pobres son Nuestro Señor ... Al servir a los ancianos, es Él A quien sirves".

Un último "brote" en el árbol fue fundado por la Madre Antonia Brenner en Tijuana, México. Después de criar a sus hijos en Beverly Hills y sufrir el divorcio, siguió el llamado de Dios para convertirse en una ministra de prisión interna en la penitenciaría de La Mesa en Tijuana, México. *Las Siervas Eudistas de la Undécima Hora* se fundaron para que otras mujeres en la última parte de sus vidas pudieran imitarla en "ser amor" a los más necesitados.

El ejemplo que San Juan Eudes estableció para vivir el Evangelio ha inspirado a muchas más personas y organizaciones en todo el mundo. Para obtener más información acerca de la familia Eudista, noticias sobre próximas publicaciones o formas de compartir nuestra misión, contáctenos en spirituality@eudistsusa.org.

El corazón de la familia sagrada: Un manual de oraciones

Para más de San Juan Eudes, Eudist Press ofrece diferentes libros de oraciones con temas de su spiritualidad. Cada libro es un extracto de su clásico superventas: *La vida y el reino de Jesús: un tratado sobre la perfección cristiana para uso del clero y laicos*, publicado en español por Editorial San Juan Eudes, 1956.

Se pueden encontrar aquí: https://www.eudistsusa.org/publications.

Más de Eudist Press International
- *Un corazón en llamas: San Juan Eudes, modelo para la nueva evangelización*
- *Itinerario espiritual para hoy con San Juan Eudes*
- *Leccionario eudista: una cartilla sobre San Juan Eudes*

Serie "Devocionarios Eudistas"
- Volumen 1: *Corazón de la sagrada familia: Un manual de oracion*
- Volumen 2: *Más que 50 pepitas: Meditaciones del rosario para el año litúrgico.*
- Volumen 3: *Una semana santa cada semana: Meditaciones diarias para la semana*
- Volumen 4: *34 llamas del amor divino: Elevaciones del corazón hacia dios*
- Volumen 5: *En el umbral de la vida: Un retiro autodirigido para celebrar tu cumpleaños*
- Volumen 6: *En el umbral de la eternidad: Un retiro autodirigido para prepararse para una muerte feliz*

Biografía
- *San Juan Eudes: Artesano de la renovación cristiana en el siglo XVII*
- *En todo la voluntad de Dios: San Juan Eudes a través de sus cartas*

Más de St. John Eudes
Obras seleccionadas de St. John Eudes
- *La vida y el reino de Jesús en las almas cristianas*
- *El Sagrado Corazón de Jesús*
- *El admirable corazón de María*
- *El sacerdote: su dignidad y sus obligaciones.*
- *Meditaciones*
- *Cartas y obras más cortas.*

Otros trabajos
- *Contrato del hombre con Dios en el santo bautismo*
- *La maravillosa infancia de la Madre de Dios*

El corazón de la familia sagrada

www.eudistsusa.org

Somos misioneros de LA MISERICORDIA

THE EUDISTS
CONGREGATION OF JESUS AND MARY

www.ingramcontent.com/pod-product-compliance
Lightning Source LLC
Chambersburg PA
CBHW071803040426
42446CB00012B/2690